청춘의
필사

청춘의 필사

가장 뜨거웠던 순간을
다시 만나는 시간

김종원 지음

퍼스트펭귄

프롤로그

내가 필사한 문장이
내가 살아갈 세계를 결정한다

지금 나의 방황은 의미가 있는 것인가, 아니면 시간과 감정을 소모하는 헛된 나날의 반복인가. 열심히 최선을 다해 살았는데 나이 들어서 돌아보니 제법 괜찮은 인생이라고 굳게 믿었던 나날이 그렇지 않았다는 사실을 알게 되면 마음이 얼마나 힘들고 아플까.

누구에게나 살고 싶은 인생이 따로 있다. 그러나 아무런 생각 없이 살면 그냥 사는 대로 생각하게 되기 때문에 점점 원했던 인생과 멀어지게 된다. 그래서 생각의 수준을 높여줄 지적인 문장과 필사가 필요하다.

쓰지 않으면 내 인생은 바뀌지 않는다. 모든 불안과 두려움을 이기는 필사의 힘으로 인생의 찬란한 도약을 시작하자. 만족스럽지 않은 환경을 불평하고 타고난 능력이 부족한 자신을 미워할 시간에 마음을 채울 수 있는 필사를 하자.

젊은 나날의 관계, 자존감, 행복, 열정, 지성, 그리고 사랑과 언어의 크기와 수준이 끝없이 확장되는 기적이 바로 지금 시작된다. 나는 언제나 이 사실을 굳게 믿는다.

'필사 하나로 내 인생이 놀랍게 달라진다.'

차례

프롤로그 | 내가 필사한 문장이 내가 살아갈 세계를 결정한다　4

1장 관계　혼자를 즐기지 못하는 어른이 가장 불행하다

거절할수록 내가 원하는 삶에 가까워진다　16
인맥은 넓히는 게 아니라 좁히는 것이다　18
마음을 불편하게 만드는 사람에게서 벗어나라　20
고립과 따돌림에 대한 강박에서 벗어나야 한다　22
혼자를 즐기지 못하는 어른이 가장 불행하다　24
누군가를 미워할 시간에 내 일을 하는 자가 승자다　26
'면'이 들어간 사과는 모두 가짜다　28
인간관계는 내가 아무리 잘해도 문제가 생길 수 있다　30
친절이 뭔지 모르면 친절함으로 알려주자　32
결심했다면 구구절절 설명하지 말라　34
최고의 배려는 가끔 친절한 것이다　36

영웅은 영웅의 눈에만 보인다	38
내가 싫어하는 사람은 남도 싫어한다	40
중간에 말 자르는 사람과 인연을 잘라야 하는 이유	42
말도 안 되는 건 참고 견디지 말라	44
아무리 친해도 꺼내면 안 되는 7가지 이야기	46
상대방에게 미안해서 거절하지 못하는 게 아니다	48
하루를 불평으로 채우는 사람과 인생을 논하지 말라	50

2장 자존감 ❦ 나는 나와 즐겁게 놀기 위해 태어났다

젊은 시절의 겸손은 오히려 오만이다	54
나는 홀로 섰을 때 가장 나답게 빛난다	56
나는 나와 즐겁게 놀기 위해 태어났다	58
진짜 이기는 사람은 뒷모습에서 빛이 난다	60
현명한 사람은 자신을 의심하지 않는다	62
넌 누가 뭐라고 해도 될 사람이야	64
틀리는 게 당연하니 틀릴 것을 걱정하지 말자	66
발표나 의견을 말할 때 절대 떨지 않는 법	68
'내가 이런 데서 일할 사람이 아닌데'라는 최악의 말	70

내가 나 자신을 위한 최고의 지지자가 되어야 한다 72

나는 내 단점을 잘 아는 사람이 좋다 74

한 번 선택했으면 자신을 믿고 끝까지 가라 76

'이게 맞나?'라는 고민은 이제 그만 78

나와 의견이 다른 사람을 만났다면 80

가족을 위해서 산다는 생각을 버리자 82

억지로 밝게 보일 필요는 없다 84

잘하는 사람은 못하는 게 힘들다 86

모든 것이 완벽해서 출발하는 게 아니다 88

3장 행복 — 행복은 제철이 없다

세상에서 가장 흥미로운 영화는 이미 시작되었다 92

무언가를 남기지 않아도 충분히 괜찮다 94

감사하는 마음으로 세상을 보면 달라지는 것들 96

서른에 시작하면 너무 늦은 걸까요? 98

웃음은 매일 받아야 하는 소소한 삶의 이자다 100

걱정은 3분 이상 할 필요가 없다 102

행복에는 제철이 없다 104

수준 높은 사람은 남의 SNS를 보며 우울해하지 않는다	106
마흔이 되기 전에 깨달아야 후회하지 않는 5가지	108
죽는 일이 아니라면 다 지나가는 거야	110
쓸데없다고 생각했는데 지나고 보니 소중한 것들	112
자신의 욕구에 솔직해져야 진짜 성장이 가능하다	114
남 탓만 하는 사람과는 멀어져야 한다	116
잃을 것이 없는 사람이 가장 무섭다	118
예민한 나를 편안하게 해주고 싶다면	120
노년까지 함께할 진짜 친구를 발견하는 법	122
나를 바꾸면 나를 둘러싼 모든 것이 바뀐다	124

4장 열정 ≫ 규칙도 두려움도 없이 하루를 시작하라

나는 지금 내 삶의 여름을 뜨겁게 보내고 있다	128
잘되는 느낌이 없어도 계속해야 한다	130
규칙도 두려움도 없이 하루를 시작하라	132
삶에 품격을 더하고 세상을 지혜롭게 바라보는 힘	134
그냥 하는 사람이 가장 강력하다	136
인생은 먼저 회복한 사람이 이기는 게임이다	138

실패는 도넛의 구멍과도 같다   140
반복하는 사람은 실수로라도 성공하게 된다   142
넘어지고 울었던 시간이 진짜 나의 경쟁력이다   144
어른으로 살기 위해 꼭 돌아봐야 할 착각   146
방황은 기적의 근거를 쌓는 시간이다   148
아무도 기대하지 않는 일에 매달려 보라   150
가장 열광적인 꿈을 꿀 때 근사한 삶이 찾아온다   152
체력을 앞서는 정신력은 결코 없다   154
포기도 자꾸 반복하면 버릇이 된다   156
나는 무엇이든 할 수 있는 사람이다   158
10년을 웃으며 투자할 일   160
새벽 운동이 수준 높은 인생을 만든다   162

5장 지성 ○ 스펙의 크기는 두려움의 크기와 같다

나를 망치는 가장 위험한 생각   166
마흔 전에 이걸 해낼 수 있어야 인생이 편하다   168
배운 자는 많지만 깨달은 자는 소수인 이유   170
적당한 수치심은 오히려 내게 이롭다   172

지성이 이끄는 열정이 필요하다	174
젊은 시절에는 이 말을 자주 들어야 한다	176
깨달은 사람은 내가 듣기 싫은 말을 하지 않는다	178
경험을 기술로 대체하는 순간 인생은 끝난다	180
스펙의 크기는 두려움의 크기와 같다	182
정상에 있는 사람과 인연을 맺으면 이것이 보인다	184
최고의 서비스를 경험하는 데 돈을 아끼지 말 것	186
섬세하게 관찰하는 사람을 만나야 하는 이유	188
나도 모르는 내 가치를 찾아주는 사람	190
마흔 넘으면 알게 되는 부질없는 순간	192
지혜로운 자가 진리를 깨우치는 법	194
평생 성장하지 않게 가로막는 이 말	196
과거 이야기를 하는 순간 내 인생은 후퇴한다	198

6장 사랑 · 흔들릴 줄 알아야 부서지지 않는다

사랑 없이 청춘을 말할 수 있을까	202
힘들수록 자신에게 다정해야 하는 이유	204
아직 일어나지 않은 일을 걱정하는 너에게	206

가장 매력적인 나로 살아야 한다	208
감성이라는 '인생의 킥'을 찾아라	210
20대를 가장 빛나게 보내는 방법	212
소망하는 목표를 가장 지혜롭게 이루는 법	214
모두에게 사랑받고 싶다는 슬픈 욕망	216
하루하루 모든 것이 다 좋아질 것이다	218
마음이 편안해지는 나만의 공간을 만들어라	220
상처받기 싫어서 혼자가 된 너에게	222
흔들릴 줄 알아야 부서지지 않는다	224
그 누구가 아닌 나를 먼저 사랑하자	226
결코 돌아오지 않는 오늘을 찬란하게 보내야 한다	228
세상에서 가장 많이 아는 사람은 누구인가?	230
남은 나에게 큰 관심이 없다	232
의외로 힘들지만 인생에 꼭 필요한 7가지	234

7장 언어 ✍ 없는 게 아니라 내가 못 본 것이다

중요한 단어는 스스로 재정의를 하라	238
한 작가의 책을 모두 다 읽어보자	240

'편의점 도시락으로 때웠다'라는 유해한 말	242
SNS에 쓴 글을 보면 그가 살아갈 내일이 보인다	244
3가지 착각을 버려야 진짜 글쓰기를 시작할 수 있다	246
세상에서 가장 창조적인 행동은 '댓글 쓰기'다	248
20대를 더 다채롭게 빛내는 5가지 말	250
없는 게 아니라 내가 못 본 것이다	252
마치 이불처럼 말로 안아주는 사람을 만나라	254
누군가 자꾸 실수를 반복하면 이렇게 말하자	256
마음이 넉넉한 사람과 나누는 대화가 즐겁다	258
빈정거리는 말투가 인생을 망칠 수도 있다	260
'더 나은 방법 찾기 일기'를 쓰면 나에게 생기는 일	262
내 삶의 의미를 잃지 않게 해주는 글쓰기의 조건	264
예민한 사람의 인생을 바꾸는 단 하나의 질문	266
잘나갈 때 굳이 자랑하면 욕먹는 이유	268
재능과 환경은 별로 중요하지 않다	270

1장

관계

혼자를 즐기지 못하는 어른이
가장 불행하다

거절할수록
내가 원하는 삶에 가까워진다

세상에 듣기 좋은 거절은 없다.
아무리 정중하게 거절해도 상대는 상처받는다.
하지만 그게 거절을 망설여야 할 이유는 아니다.

삶의 원칙이 분명한 사람은 거절도 깔끔하다.
해야 할 것과 하지 말아야 할 게 분명한 사람은
굳이 거절하는 데 시간과 마음을 쓰지 않는다.
오히려 늘 남의 부탁을 들어주는 사람이야말로
자신만의 분명한 원칙이 없어서 소모하는 삶을 산다.

거절을 두렵게 생각하지 마라.
한 사람에게 거절의 메시지를 보냈다는 건
내가 원하는 삶에 한 걸음 더 다가갔다는 증거다.

인맥은 넓히는 게 아니라
좁히는 것이다

긴 글을 쓰는 것도 힘들지만
그렇게 쓴 글을 짧게 압축하는 건
비교할 수 없을 정도로 힘든 일이다.

인맥도 마찬가지다.
넓히는 것도 쉽지 않지만
넓어진 인맥을 내게 맞는 사람만 남기며
현명하게 잘 좁히는 건
표현할 수 없을 정도로 힘든 일이다.

그래서 우리는 인맥을 좁히면서
자기 자신에 대해서 알고
무엇이 부족한지 깨닫게 된다.

마음을 불편하게 만드는
사람에게서 벗어나라

들어줄 수 없는 부탁을 너무 심하게 반복하고
분위기를 자꾸 이상하게 만들거나
자신의 잘못을 내게 떠넘기려는 사람이 있다.
그의 요구를 들어주지 않으면 괜히
내가 나쁜 사람이 되는 것 같아 불편하다.

만나면 만날수록 묘하게 내 마음을
불편하게 만드는 사람과는
빠르게 인연을 정리하는 게 좋다.

나를 자꾸 소진하는 나쁜 기분이 들고
감정적인 소모가 이어진다면 결심을 해야 한다.

나 자신을 자랑스럽게 느끼도록 만드는
멋진 사람들과 만날 시간도 짧으니
잘못된 인연과는 빠르게 이별을 고하자.

고립과 따돌림에 대한 강박에서 벗어나야 한다

무리에 속한다고 내가 강해지는 건 아니다.
타인의 시선을 의식하며 들어간 무리에서
우리는 어떤 가치나 의미도 찾을 수 없다.

단순히 고립되지 않기 위해서 사는 인생은
다른 인생과 구분할 수 없어 가치를 잃고 만다.

우리는 같아지려고 사는 게 아니라
달라서 특별해지려고 사는 것이다.

무리에 속해야 한다는 강박에 빠진 뇌는
모든 생각의 기능을 잃는다.
세상이 정의한 모든 강박에서 벗어나야
내 생각도 자유라는 날개를 펼칠 수 있다.

혼자를 즐기지 못하는
어른이 가장 불행하다

젊을 때 혼자만의 시간을 자주 가져야 한다.
혼자를 외롭게 생각하지 않고 즐기며
자기만의 세상을 구축한 사람만이
나이 들어서 더욱 행복해질 수 있다.
혼자를 견디지 못하는 사람은 자꾸만
주변 사람들을 괴롭히며 참견하게 된다.

나이 들수록 독서와 사색 그리고 필사를 통해서
혼자를 농밀하게 즐길 수 있어야 한다.
지금부터 혼자만의 시간을 즐기며
내면을 채울 수 있는 것들을 많이 만들어놓자.

누군가를 미워할 시간에
내 일을 하는 자가 승자다

뒤에서 쏜 총알이 앞서 나간 총알을
따라잡아 맞추는 건 불가능한 일이다.
복수가 바로 이런 이치와 같으니
아무리 화를 내도 헛수고일 뿐이다.

총알은 결국 땅에 떨어진다.
내가 걷는 속도는 총알보다 한참 느리지만
멈추지 않고 내 속도를 유지하며 걷다 보면
결국 땅에 떨어진 총알을 만나게 된다.

그때 가볍게 웃고 지나가면
가장 현명한 복수가 완성되는 것이다.
분노를 잠재우며 내 일을 꾸준히 하는 게
나를 위한 최선의 선택이자 지혜로운 복수다.

'면'이 들어간 사과는
모두 가짜다

반드시 피해야 할 거짓 사과에는
공통점이 하나 있다.
그렇게 느끼셨다'면',
불편한 마음이 드셨다'면'.

모든 결과에 대한 책임을 교묘하게
'면'을 통해서 상대에게 돌리는 것이다.
입으로는 사과를 하고 있지만
전혀 미안한 감정이 없는 상태다.
어떻게 사과를 해야 할지 잘 모를 땐
일단 문장에서 '면'만 빼면 된다.

사과해야 할 때 제대로 사과를 하면
오히려 사과를 한 사람이 더 빛난다.
멋진 사과는 나를 더 멋지게 만든다는
삶의 진리를 잊지 말자.

인간관계는 내가 아무리 잘해도
문제가 생길 수 있다

"내가 좀 더 잘했어야 했나?"
"나한테 어떤 잘못이 있었나?"

인간관계에서 문제가 생길 때마다
자신에게서만 원인을 찾는 건 좋지 않다.
혼자만 교통 신호를 잘 지킨다고
사고가 나지 않는 건 아니다.
사람과 사람 사이에서 일어나는
모든 일도 그렇다.

물론 내가 먼저 신호를 잘 지켜야
사고가 날 확률을 낮출 수 있겠지만,
그게 전부는 아니라는 사실을
인지하고 살아야 자책하지 않을 수 있다.
자책은 몸과 마음에 나쁘다.
최선을 다했다면 빠르게 잊어라.

친절이 뭔지 모르면
친절함으로 알려주자

'불친절'이라는 기분 나쁜 말 속에는
'친절'이라는 희망의 말이 들어가 있다.
그래서 불친절한 사람들을 만날 때마다
굳이 화를 내며 얼굴을 붉히기보다는
친절한 게 뭔지 행동으로 알려주는 게 좋다.

그는 불친절 속에 들어가 있는
친절을 받아본 적이 없어서
아직 모를 뿐이니까.

그들에게 화를 내기보다는 좋은 것을
배울 수 있는 기회를 주는 게 현명하다.

결심했다면 구구절절
설명하지 말라

스스로 무언가를 하지 않기로 결심했다면
간단하게 이유만 들려주며 거절하면 된다.
혹시나 오해가 생길까봐 두려워서
이런저런 이야기를 덧붙이면
오히려 비굴해지거나,
더 큰 오해가 생겨서 힘들어진다.

게다가 구구절절 설명이 길어진다는 것은
아직 스스로도 판단이 서지 않았다는
슬픈 사실을 증명한다고 볼 수 있다.

분명한 이유가 있다면 말은 길어질 필요가 없다.

최고의 배려는
가끔 친절한 것이다

무슨 일이 생길 때마다 매번 개입하면
그 말이 아무리 따스하고 다정해도
상대방은 배려가 아닌 참견으로 느낀다.

최고의 배려는 끼어들어야 할 때와
아닐 때를 구분하는 마음에서 나온다.
상대를 진정으로 아끼는 사람만이
그 미묘한 지점을 구분할 수 있기 때문이다.

내게 가끔 친절한 사람이
나를 가장 아끼고 사랑하는 사람이다.

영웅은
영웅의 눈에만 보인다

내 눈에 보이지 않는다고 없는 게 아니다.
나는 내 수준에 맞는 것만 볼 수 있다.
위기 속에서 기회를 찾는 사람이 소수인 이유는
기회는 아무에게나 자신을 허락하지 않기 때문이다.
언제나 볼 줄 아는 사람은 소수이며
그들은 매번 어려운 상황에서도
가장 지혜로운 선택을 한다.

"더 이상은 할 수 없어!"
자기 삶의 영웅은 이런 말을 하지 않는다.
이게 끝이라고 생각하는 사람은
숨겨진 멋진 세상을 발견할 수 없다.
스스로 내 삶의 영웅이 되고 싶다면
여기에 반드시 무언가가 있다고 믿어라.
그 믿음에서 모든 성장이 이루어진다.

내가 싫어하는 사람은
남도 싫어한다

나만 이상한 게 아닌가 걱정할 필요가 없다.
굳이 주변 사람들의 의견도 묻지 마라.
내가 싫어하는 사람은 대부분
남도 싫어할 가능성이 매우 높다.
좋아하는 기준은 저마다 다를 수 있지만
싫은 건 비슷해서 대부분 일치한다.
싫어하는 사람이 생겼다고
괜한 죄책감을 가질 필요는 없다.
내가 싫어하는 사람은 남도 싫어하니
마음 편안하게 힘껏 싫어해도 된다.

중간에 말 자르는 사람과
인연을 잘라야 하는 이유

남의 말을 자꾸 자르는 사람은
상대방이 진지하게 말을 할 때도
자신이 할 말만 생각하고 있다.
내 말을 전혀 듣지 않기 때문에
그는 자신의 기준으로 나를 판단하고,
내 의견을 고려하지 않고 선택하며,
내가 뭘 좋아하고 싫어하는지도 알지 못한 채
그저 입을 열 수 있는 타이밍만 보고 있다.

세상에서 가장 현명한 지성인은
진실한 눈빛으로 남의 말을 끝까지 듣는 사람이다.
중간에 말을 자르는 사람과의 인연을
냉정하게 자르지 않으면 내 수준만 내려간다.

말도 안 되는 건
참고 견디지 말라

인간관계에서 예의를 갖추고 대해야 하지만
상대가 선을 넘어서 나를 힘들게 하면
무작정 참지 말고 공격을 해야 한다.

정당한 공격은 반드시 필요한 삶의 무기다.
세상에 끝까지 참고 버텨야 할 대상은 없다.
상대가 누구더라도 상식에서 자꾸 벗어나고
괴롭힘의 강도가 도를 넘었다고 생각되면
나도 공격이라는 카드를 꺼내야 한다.

내가 내 감정을 상대에게 보여줄 수 없다면
자기 인생을 제대로 살아갈 수가 없다.
공격해야 할 땐 최선을 다해 공격하라.

아무리 친해도 꺼내면
안 되는 7가지 이야기

1. 다른 사람에게 전해 들은 상대방의 소문
2. 결국에는 자기 자랑으로 끝나는 이야기
3. 상대방이 스스로 단점이라고 생각하는 것
4. 성공한 것과 크게 돈 번 이야기
5. 외모에 대한 참견과 서툰 조언
6. 싫다고 했는데 자꾸 선을 넘는 말
7. 상대방이 이룬 성과를 비하하는 것

결국에는 참을성이 필요하다.
나를 높이고 남을 낮추려는 욕망을
가장 먼저 잠재울 수 있는 사람만이
스스로 자신의 품위를 높일 수 있다.

상대방에게 미안해서
거절하지 못하는 게 아니다

내가 거절해야 할 때마다 주저하는 이유는
나 자신을 향한 믿음이 없기 때문이다.
내가 나의 가능성을 의심하고
내가 나의 힘을 믿지 못하면
억지로 끌려가듯 하루를 살게 된다.

오늘부터 "나는 나를 믿는다!"라고
크게 외치며 하루를 시작하자.
자신을 향한 믿음의 크기가 커지면
더 당당하고 기품 있게
거절할 수 있는 내가 된다.
당당하게 거절할 수 있어야
이게 내 인생이라고 말할 수 있다.

하루를 불평으로 채우는 사람과
인생을 논하지 말라

무엇을 봐도 불평의 재료로 활용하는
자기 인생을 소모하는 사람과는
어떤 인생도 논할 가치가 없다.

불평한다는 건 참을성과 감사하는 마음이
내면에 없다는 분명한 증거다.
그는 내가 힘들 때 오히려
보기 좋게 나를 외면할 것이고,
작은 약속도 지키지 않을 것이다.
힘든 내 앞에서 나와 함께 보낸
모든 시간을 또 불평하며
자기 자신만 보호할 것이다.

감사할 줄 모르며 작은 것도 참지 못하는
불평만 가득한 사람과는 인연을 맺지 않는 게 좋다.

2장

자존감

나는 나와 즐겁게 놀기 위해
태어났다

젊은 시절의 겸손은
오히려 오만이다

청춘은 빈 수레와 같아서 내세울 게 없다.
빈 수레는 요란해야 먹고살아 갈 수 있다.
내가 무엇을 잘할 수 있는지
분명하게 외쳐야 선택을 받을 수 있다.

청춘은 아직 겸손해야 할 때가 아니니
최대한 내가 무엇을 배웠으며
무엇을 해낼 수 있는지
세상에 크게 외쳐야 한다.

살기 위한 자랑은 오히려 삶의 지혜이니
쉬지 말고 거침없이 외치며 살자.
젊은 시절의 지나친 겸손은 최악의 사치다.

나는 홀로 섰을 때
가장 나답게 빛난다

자기 분야에서 특별히 활약하는 사람들 중
대학을 자퇴한 사람들이 많은 이유는
입학은 대부분이 하는 기계적인 선택이지만
자퇴는 스스로 하는 의지의 결과이기 때문이다.

졸업보다 귀한 것을 가슴에 품고 있는 사람만이
자퇴라는 힘든 선택을 웃으며 할 수 있는 것처럼,
인생도 마찬가지로 무언가를 가슴에 품었다면
선택한 것의 가치를 믿고 두려움을 버려야 한다.

인간은 무리 안에 속할 때가 아니라
무리에서 벗어나 홀로 섰을 때 가장 안전하다.

나는 나와 즐겁게
놀기 위해 태어났다

평생 타인을 만족시키기 위해서 살면
나중에는 이런 후회를 하게 된다.
'나는 내 아름다운 시절과 영혼을
평생 타인만을 위해 소모하며 살았구나.'

나는 누군가에게 인정을 받기 위해서가 아니고,
지금의 나와 즐겁게 놀기 위해 태어났다.
나는 나의 가장 좋은 친구이자 연인이다.

모든 사람이 나를 배신하거나 떠날 수 있지만
나만은 영원히 나를 떠나지 않고 남아서
내가 무엇을 하고 살았는지 세상에 남길 것이다.

나는 내가 나라서 행복하고
앞으로 살아갈 나날도 기대된다.

진짜 이기는 사람은
뒷모습에서 빛이 난다

상대를 저열한 방식으로 비난하고
깐죽거리는 건 결코 통쾌한 게 아니다.

그건 스스로 '나는 상종하지 못할 인간이니
마음껏 무시해도 된다'라고 외치는 것과 같다.
지성인은 상황이 어렵거나 부정적일 때
오히려 차분하고 기품 있게 행동한다.

진짜 통쾌한 승리는 당장 이기는 게 아니라
돌아서서 마음이 흐뭇해지는 것이다.
뒷모습에서 빛이 나는 사람이 진짜 어른이다.

현명한 사람은
자신을 의심하지 않는다

생각해 보면 나를 가장 의심하고
믿지 못해서 외면한 사람은
언제나 나 자신이었다.

늘 내가 나를 배신했고,
자신과 한 소중한 약속을
끝내 지키지 않았다.

남 탓, 세상 탓, 환경 탓……
수많은 탓을 하며 살았지만
결국 모두 내 탓이었다.

젊은 시절부터 자신을 믿고 산다면
그 인생은 더욱 농밀해질 것이다.
그래서 가장 현명한 사람들은
언제나 자신을 굳게 믿고 산다.

넌 누가 뭐라고 해도
될 사람이야

되는 일이 없어서 많이 힘들 때마다 기억하자.
젊은 날에는 힘든 게 정상이다.
힘들지 않으면 오히려 그건
도전하지 않았다는 증거다.
모두가 하는 일이 다 잘되면,
세상에 실패하는 사람은 없을 것이다.

그럼에도 불구하고
계속해서 도전하는 사람이 있다.
자신을 굳게 믿어서 그렇다.
'한 게' 많은 사람은
자신의 '한계'를 뛰어넘게 된다.
그 믿음으로 포기하지 않는 것이다.

내가 나 자신을 꾸준히 응원하는 이유도 거기에 있다.
"난 누가 뭐라고 해도 될 사람이니까."

틀리는 게 당연하니
틀릴 것을 걱정하지 말자

젊은 시절은 틀리면서 성장하는 시기다.
틀려야 무엇이 부족한지 깨달음으로써
배워야 할 것들을 알 수 있기 때문이다.

젊을 때에는 짐작하지 못한 행운이나
기적이 찾아오는 걸 염려해야 한다.
어디까지가 내 실력으로 이룬 결과인지
경계가 모호해지게 되면
그런 성공은 오히려 나를 크게 망친다.
틀려야 할 때 확실하게 틀리고
실패해야 할 때 온전히 실패해야 한다.

나는 오늘도 틀리고 실패한 만큼
한 발 앞으로 나갈 수 있다.

발표나 의견을 말할 때
절대 떨지 않는 법

실력이 부족한 상태에서
잘하려고 하면 반드시 떨게 된다.
잘하려고 하지 말고, 그냥 해라.

원래 자기 생각을 말하는 일에
잘하거나 못한다는 평가가 있을 수 없다.
생각을 말하는 건 자연스러운 일이니
잘해야 한다는 생각 자체를 버려야 한다.
'그냥 하자'라고 생각하며 앞에 나가면
수천 명이 보고 있어도 떨리지 않고
오히려 그 상황이 기대가 되어 설렌다.

생각만 바꾸면 떨림을 설렘으로 바꿀 수 있다.

'내가 이런 데서 일할 사람이 아닌데'라는 최악의 말

어떤 장소와 일도 나의 가치를 정할 수 없다.
중요한 건 그 공간에서 일을 대하는 나의 태도다.

'이런 데서 일할 사람이 아닌데'라는 생각은
나 자신의 가치를 스스로 깎아내리는
세상에서 가장 어리석은 행동이다.

내가 내 일을 소중히 대하면,
그 일도 내게 좋은 결과를 준다.
나만이 나의 가치를 높일 수 있다.
의지만 갖고 있다면 바꿀 수 있는
그 멋진 기회를 놓치지 말자.

내가 나 자신을 위한
최고의 지지자가 되어야 한다

살면서 가장 후회하는 것 중 하나가
누군가에게 열렬한 지지를 보낸 적은 많지만
정작 소중한 나 자신에게는 작은 격려조차
단 한 번도 해준 적이 없다는 사실이다.

자기 자신조차 지지할 수 없는 사람이
대체 누구를 격려하며 믿어줄 수 있겠는가.

수고한 나를 위로하는 따뜻한 말과
앞으로도 잘할 수 있다는 격려의 말을
누구보다 소중한 나 자신에게 들려주자.

나를 진정으로 위로하며 격려하는 삶이
곧 세상을 사랑하고 아끼는 삶의 시작이다.

나는 내 단점을
잘 아는 사람이 좋다

나는 내 장점을 아는 사람들보다
내 단점을 아는 사람들이 오히려 귀하다.
그저 스치는 사람들은 내 장점만 보지만
내 곁에 오래 머무는 사람들은
숨기고 싶은 단점까지 잘 알게 된다.

그들은 내 부족함을 알고도
아주 긴 세월 동안
나를 비웃거나 떠나지 않고
긍정의 시각으로 바라봐준 좋은 사람들이다.

단점을 알고도 지지해 준 고마운 사람들 덕분에
내 젊은 나날이 더 다채롭게 빛난다.

한 번 선택했으면
자신을 믿고 끝까지 가라

물건을 사고 나서 자꾸 후회하는 사람이 있다.
자기 발전에 전혀 도움이 되지 않는 행동이다.
감정과 시간만 낭비하게 만들기 때문이다.

어차피 바꾸거나 취소할 수 없다면
결정한 후에는 돌아보지 않는 게 지혜롭다.

가장 큰 손해는 조금 비싸게 산 선택이 아닌
후회하느라 보내는 아까운 시간에 있다.
마치 후회하려고 노력하는 사람처럼
자꾸만 뒤를 돌아보는 나날과 이별해야 한다.

일단 선택했다면 끝까지 앞만 보며 가자.
앞만 보며 질주한 시간만이 나의 것이다.

'이게 맞나?'라는 고민은
이제 그만

생각에도 수준이 존재한다.
망설이는 동안 시간은 버려진다.
너무 오랫동안 생각할 필요는 없다.
인생에 정답은 없으니 일단 시작하자.

내가 스스로 선택한 일을
일상에서 실천할 땐
이게 마치 유일한 정답인 것처럼
강력하게 믿고 움직여야 한다.

고민하며 움직이는 사람과
굳게 믿고 움직이는 사람은 눈빛이 다르다.
믿음 없이 의심으로 시작한 모든 일은
내게 어떤 깨달음도 주지 못한다.
'이게 맞나?'라는 의심은 당장 버리고
'이게 맞다!'라는 확신의 눈빛을 장착하자.

나와 의견이
다른 사람을 만났다면

세상 모든 것들이 대부분
이렇게 보면 이렇게 보이고
저렇게 보면 저렇게 보인다.
같은 상황을 보며 의견이 다르다면
그는 그렇게 보기로 결정한 것이다.

애써 그를 바꾸려고 하거나
바뀌지 않는다고 화를 낼 필요는 없다.
'너는 그렇게 보기로 결정했구나.'
이렇게 생각하고 돌아서면 된다.

한 사람의 생각은 그의 인생이 내린 결론이다.
그가 내린 결론에 이의를 제기하기보다는
그가 만들어온 삶이라 생각하며 이해하면 된다.

가족을 위해서
산다는 생각을 버리자

가족을 위해서 산다는 건
아름다운 말이자 최고의 가치다.

하지만 삶에서 가장 중요한 건 순서다.
내가 먼저 중심을 잡고 살아가야
단단해진 삶을 통해서 가족도 도울 수 있다.

처음부터 가족을 위해 산다고 생각하면
내 모든 선택이 자꾸 희생으로 느껴져서
결국에는 불만이 쌓이고 크게 폭발한다.

지금 분노하며 폭발한다는 건
순서가 어긋났다는 증거다.
힘들 때마다 자신을 위해서 견뎌야 한다.
그렇게 매일 힘을 쌓아야 가족이 힘들 때
든든한 손을 내밀어 잡아줄 수 있다.

억지로 밝게 보일
필요는 없다

하늘도 밝은 날이 있으면
흐린 날도 존재한다.
사람의 마음도 마찬가지다.
억지로 밝게 웃는 건 오히려 좋지 않다.
자신의 기분을 굳이 숨길 필요는 없다.
상대도 내 기분을 제대로 알아야
내 마음에 맞는 말을 들려줄 수 있다.

진지하게 고민할 시간도 필요하고,
고뇌하는 표정도 반드시 필요하다.
굳이 밝은 사람을 연기하려고 하지 마라.
나는 연기하려고 태어난 사람이 아니라
나의 감정을 표현하려고 태어난 사람이다.

치열하게 자신과 싸우며
고독한 시간을 관통한 자만이
햇살처럼 따스한 미소를 지을 수 있다.

잘하는 사람은
못하는 게 힘들다

"나는 왜 잘하는 게 없을까?"
"아무리 해도 나아지는 게 없네."
내가 잘하는 게 없는 이유는
잘하는 걸 찾는 시기라서 그렇다.
모든 것을 가능성의 시선으로 보라.
아무리 노력해도 나아지지 않는다는 생각을 접고
더 많이 하면 나아질 수 있다는 생각을 펴야 한다.

잘하는 사람은 못하는 게 더 힘들다.
반대로 못하는 사람은 잘하기 힘들다.

시작한 지 얼마 되지 않았으니
못하는 게 당연한 거고,
오랫동안 분투하며 노력했으니
못하는 게 이상한 거다.

나는 지금 못하는 게 아니라
잘할 준비를 철저히 하고 있는 거다.

모든 것이 완벽해서
출발하는 게 아니다

인생을 너무 심각하게 살다보면 부작용이 생긴다.
일상의 모든 것을 시작할 때,
완벽할 정도의 준비가 되지 않으면
출발을 하지 않으려는 태도 역시 그렇다.

우리는 완벽해서 출발하는 게 아니라,
도착하는 과정에서 조금씩 완벽해지는 것이다.
마찬가지로 모든 것을 다 알아서 가는 게 아니라,
나아가는 과정에서 하나하나 알게 되는 것이다.
그래서 너무 심각하게 사는 건
스스로에게 도움이 되지 않는다.

더구나 청춘이라면
좀 더 과감하게 시작할 필요가 있다.
전력으로 달리면
깨달음과 지혜도 더 강하게 내게 달려온다.
지혜의 바람은 강력하게 달린 자만이 만날 수 있다.

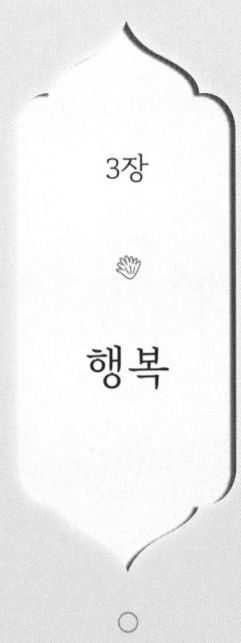

3장

행복

행복은
제철이 없다

세상에서 가장 흥미로운 영화는 이미 시작되었다

나는 굳이 극장에 가지 않아도
매일 내가 주인공인 영화를 즐기고 있다.
자유롭게 생각하고 행복을 깊게 느끼며
나 자신에게 아름다운 것을 주고 있다.
세상에서 가장 아름답고 흥미로운 영화는
나라는 일상에서 이미 상영 중이다.

'나는 내가 기대하는 인생을 살고 있는가?'
'내가 살고 싶은 인생은 무엇인가?'
'나는 나를 어떻게 단련하고 키워야 하는가?'

오늘도 멋진 시나리오가 나올 수 있도록
세 개의 질문을 가슴에 품고 하루를 시작한다.

무언가를 남기지 않아도
충분히 괜찮다

"이번 여행에서 뭘 보고 배웠어?"
"이 책을 읽고 느낀 점이 뭐야?"
"그렇게 하면 뭐가 남겠냐?"

어디에서 무엇을 하든 우리는 왜,
꼭 무언가가 남아야 한다고 생각할까?
쉴 때도 잘 쉬어야 한다며 생산성을 따진다.
자신을 쉬지 못하게 만드는 사람은
자기 삶에 행복을 초대할 수 없다.

때로는 우리 자신에게 휴식을 주자.
아무것도 남지 않아도 괜찮다.
조금 손해를 봐도 큰 문제는 없다.
오늘 하루 정도는 '그냥' 살아보는 거다.
그냥 쉬고, 그냥 행복하자.

감사하는 마음으로
세상을 보면 달라지는 것들

약속 장소에 늦거나 일정보다 늦어졌을 때,
"늦어서 죄송합니다"라고 말하면
죄송해서 사과를 하는 사람이 되지만
"기다려주셔서 감사합니다"라고 말하면
상대방에게 감사의 마음을 전하는 사람이 된다.

나는 같은 상황에서도 다른 감정을 선택할 수 있다.
보통의 시각으로 보면 다 미안한 일이지만
감사의 시각으로 보면 다 감사할 일이다.

인생을 작은 감사들로 가득 채우자.
감사할 일은 어디에든 있다.
그걸 주워서 담기만 하면 된다.

서른에 시작하면
너무 늦은 걸까요?

"지금 그걸 배우면 늦은 게 아닐까요?"
"지금 시작해도 괜찮을까요?"
이런 질문은 스스로 자신이 얼마나
어리석은 사람인지 세상에 광고하는 것과 같다.
질문에 이미 늦었다는 마음이 녹아 있기 때문이다.

나를 망치는 유해한 마음을 버려야 한다.
무언가 해야겠다는 생각이 들면
묻지 말고 바로 시작하는 게 좋다.

실패로 돌아갈지라도 스스로 시작해서
끝낸 경험을 가진 사람이 아름답다.
그게 바로 나만의 지혜이기 때문이다.

웃음은 매일 받아야 하는
소소한 삶의 이자다

웃음은 삶의 마지막에 받는 '적금'이 아니라
일상에서 매일 받는 소소한 '삶의 이자'다.
행복과 기쁨을 아끼고 아껴서
마지막에 웃는 사람이 승자가 아니라
마지막까지 웃는 사람이 승자인 것이다.

행복과 웃음은 굳이 아끼지 말고,
즐기고 또 누리며 살아야 한다.

가장 행복한 사람은 특별한 이유 없이도
매일 자신에게 웃음을 선물할 수 있는 사람이다.

걱정은 3분 이상
할 필요가 없다

내 실수가 있더라도 이미 일어난 일에는
조금은 뻔뻔해지는 게 좋다.
그래야 쓸데없이 걱정하는 시간을 줄일 수 있다.

단지 오랫동안 쓴다고 좋은 글이
기적처럼 나오는 게 아닌 것처럼
3분 이상 생각해도 풀리지 않는다는 건
대부분 답이 없는 문제이거나
내가 어찌할 수 없는 것들일 가능성이 높다.

원칙을 분명히 정해야 인생을 아낄 수 있다.
할 수 없는 일로 시간을 낭비하지 말자.

행복에는
제철이 없다

어리석게도 행복에 제철이
있다고 생각하는 사람들이 있다.
그들은 마치 봄을 기다리듯
행복을 기다리기만 한다.

그러나 행복에는 따로 제철이 없다.
행복은 365일 내내 항상 제철이니,
매일 그날의 행복을 찾아 즐겨야 한다.

오늘도 일상이라는 식탁 위에
빛나도록 예쁘게 차려진 제철 행복을
사랑하는 사람과 근사하게 즐기자.

행복이 옆에 있다고 믿지 않으면
우리는 영원히 행복할 수 없다.

수준 높은 사람은
남의 SNS를 보며 우울해하지 않는다

자신의 소중한 젊은 나날을 망치는
가장 미련한 습관이 바로
남의 SNS를 보며 우울한 마음을 품는 것이다.

부러운 마음은 오히려 자신에게 좋다.
좋은 것을 가지려는 건강한 욕망을
내면에 품을 수 있기 때문이다.

하지만 부러운 마음과 우울한 마음은
반드시 구분해야 한다.
부러운 마음이 건강한 욕망이라면,
우울한 마음은 나약한 내면의 표본이다.
남이 가진 것을 보며 왜 내가 우울해지는가.
생각하는 수준을 높이고 싶다면
건강하게 욕망하는 방법을 배워야 한다.

마흔이 되기 전에 깨달아야
후회하지 않는 5가지

1. 걱정만 하다가 결국 시도하지 못한 것들
2. 여기저기 조언만 구하다가 보낸 시간들
3. 남들이 뭘 하고 있나 살펴본 순간들
4. 등수에만 신경을 쓰며 보낸 세월
5. 당장 돈이 될 것 같은 일만 시작한 선택들

남들 눈치를 안 보고, 순위에 신경을 쓰지 않고,
내 마음이 원하는 것만 선택하며 사는 건 쉽지 않다.
다시 서른으로 돌아가도 반복할 가능성이 높다.
하지만 그래서 가능성과 희망이 있는 것이다.
변화를 결심하고 실천하는 것만으로도
후회 없는 인생을 살 수 있는 거니까.
눈 딱 감고 이대로 한 달만 살아보자.

죽는 일이 아니라면
다 지나가는 거야

우리는 모두 각자의
우주에서 빛나고 있다.

죽는 일이 아니라면
모든 걱정은
다 사라질 것이다.

살아 있어서
오늘도 희망이 있다.

인간은 노력하는 한
방황하는 법이니까.

나는 여전히 멋지고
내일은 더 행복해질 거다.

모든 걱정을 다 잊고
좋은 생각만 마음에 담자.

쓸데없다고 생각했는데
지나고 보니 소중한 것들

1. 악기를 배우기 위해 투자한 시간
2. 힘들었지만 여기저기로 여행한 추억
3. 배우지 않고 일단 시작했던 수많은 일
4. 사랑에 모든 것을 바쳤던 순간
5. 혼자 산책하며 사색했던 시간과 공간

"그런 거 다 쓸모없다"라고 여겼던 것들이
시간이 지나 돌이켜보면
진짜 소중한 재산으로 남았다는 생각이 들 때가 있다.

그 시절이 아니면 하기 힘들었던 것들을
하나하나 해나가면서
오히려 인생은 점점 쓸모 있어진다.

사소한 것 하나라도 자신을 믿고 하다 보면
가치 있는 일이 되는 것처럼.

자신의 욕구에 솔직해져야
진짜 성장이 가능하다

자신이 무엇을 원하는지도 모른 채
애를 써서 이룬 결과는 내가 아니라
날 애쓰게 만든 사람의 자산으로 쌓인다.

'내가 진짜 원하는 건 무엇인가?'
'이건 내 마음이 시킨 일인가?'
자신의 욕구에 좀 더 솔직해져야
매일을 성장의 나날로 만들 수 있다.

세상에 애쓰지 않고 사는 사람은 없다.
그러나 애를 쓴다고 다 성장하는 건 아니다.
원하는 것을 끊임없이 확인하고 생각하자.

내가 스스로 생각하지 않으면
남이 생각한 대로 움직이게 된다.
욕구는 나를 상징하는 아름다운 것이니
조금도 숨기지 말고 세상에 드러내자.

남 탓만 하는 사람과는
멀어져야 한다

남 탓을 하는 이유는
그가 나쁜 사람이라서가 아니다.
스스로 자신의 수준을 모른다는 게 문제다.
무엇을 배워야 하는지도 모르며
무엇을 하면서 살아야 하는지도 모른다.

그들은 자기 인생의 운전대를
그가 탓한 남에게 내준 것과 같다.
그러나 어리석게도 그들은 그 사실조차 모른다.
매일 말버릇처럼 남 탓만 하는 사람들과
어울리지 말아야 할 이유가 바로 거기에 있다.

낮은 수준의 사람과 함께 있으면
나도 그처럼 행복과 삶의 기쁨을 모르는
수준 낮은 인생을 살게 된다.

잃을 것이 없는 사람이
가장 무섭다

세상에서 가장 무서운 사람은
힘이 세거나 지위가 높은 사람이 아니라
더는 잃을 것이 없는 사람이다.
잃을 것이 없는 사람과는 싸우지 마라.

지금 화난 사람은 순간적으로
잃을 게 없는 사람들이다.
그들의 머릿속에는 오직 복수와
비난이라는 글자만 가득하다.
'분노'라는 감정이 지금까지 쌓은
모든 지성과 삶의 원칙을 지워버렸기에
아무것도 가진 것이 없는 상태가 되었다.

분노는 내가 가진 것을 다 지우고
그 자리를 주인처럼 차지해서
내면에 평생 지워지지 않는 상처를 낸다.

예민한 나를
편안하게 해주고 싶다면

예민한 건 나의 잘못이 아니다.
예민하게 생각하고 행동하지 않으면
도저히 견딜 수 없는 공간에서 살았을 뿐이다.
예민한 자신을 자책하지 말고
고생하며 살아온 자신을 따뜻하게 안아주자.

하지만 앞으로 좀 더 편안하게 살고 싶다면
차분하게 세상을 바라보는 습관을 가지면 된다.
예민해질 때마다 하나부터 열까지 숫자를 세면
호수처럼 잔잔한 상태로 마음을 유지할 수 있다.
차분하게 바라보면 모든 게 느리게 흘러간다.

환경의 지배를 받지 않고
내가 환경을 제어하는
내 삶의 주인으로 살아갈 수 있다.

노년까지 함께할
진짜 친구를 발견하는 법

자신이 시작한 일이 잘될 땐
아무런 말도 하지 않던 사람이
갑자기 일이 잘되지 않으면
이런저런 이유 때문이라고
불평할 때가 있다.

노년까지 서로에게 도움이 될
진짜 친구를 만나고 싶다면,
잘될 땐 친구 덕분이라고 말하고
반대로 잘되지 않을 땐
자신에게서 이유를 찾는 사람을 만나면 된다.

젊은 시절에 진짜 친구를 찾으면
훗날 회상할 아름다운 추억이 더 많아진다.
인생길을 함께할 친구를 빨리 찾아야 하는 이유다.

나를 바꾸면
나를 둘러싼 모든 것이 바뀐다

어리석은 사람은
세상을 바꿔야 한다고 외치지만,
깨달은 사람은
자신을 바꿔야 한다고 이야기한다.

스스로를 바꾼 수많은 사람이 모이면
세상도 거기에 맞추어
자연스럽게 바뀌기 때문이다.

언제나 지혜로운 사람들은
자신이 제어할 수 있는 것들을 바꿔서
세상을 조금씩 원하는 모습으로 만든다.

4장

열정

규칙도 두려움도 없이
하루를 시작하라

나는 지금 내 삶의 여름을
뜨겁게 보내고 있다

살아 있는 모든 것들은
자기 삶의 여름을
치열하게 보내야 한다.

뜨거운 무더위를 통과하지 않고
성장할 수 있는 생명은 없다.
불탈 정도로 뜨거웠던 여름은
빛날 정도의 아름다운 성장을 약속한다.

내 청춘이 뜨거웠던 만큼
내가 만날 내일은 좀 더 빛난다.
나는 내가 보내는 이 뜨거운
여름의 나날을 믿는다.

잘되는 느낌이 없어도
계속해야 한다

원래 모든 일은 처음에 잘되지 않는다.
어떤 일이든 최소 10년은 해야
이제 출발선에 섰다는 생각이 든다.
그러니 지금 당장 잘되지 않는다고
멈추거나 실망하지 마라.
당연한 과정을 경험하는 중이니까.

중요한 건 10년을 멈추지 않고 하는 사람이
1%도 되지 않는다는 사실에 있다.
10년을 해야 비로소 새로운 존재로
태어날 수 있는데 99%가 포기하고 돌아선다.

돌아서지 않는 것만으로도 나는 1% 안에 들 수 있다.
잘되는 느낌이 전혀 들지 않아도 10년만 계속 해보자.
그럼 새로운 존재로 태어나 출발선에 설 수 있으며,
비로소 사는 내내 잘되는 느낌을 즐길 수 있다.

규칙도 두려움도 없이
하루를 시작하라

자신감은 세상의 기준으로 정해지지만
자존감은 자기만의 기준으로 정해진다.

세상의 기준에서 키가 크거나
멋진 외모를 가져서 만족하는 건 자신감이다.
반면에 자존감은 키가 크거나 멋지지도 않지만
"나는 나의 이 부분이 좋아!"라고
분명하게 말할 수 있는 자기만의 확신에서 나온다.

자신감은 세상의 허락을 받아야 하지만
자존감은 스스로의 허락으로 가질 수 있다.
세상의 소리나 기준은 참고할 필요가 없다.

규칙도 두려움도 모두 버려라.
내 기준으로 판단한 시간이 모여서
나의 인생은 더 탄탄해진다.

삶에 품격을 더하고
세상을 지혜롭게 바라보는 힘

원하는 수준의 음식을 만들고 싶다면
좋은 재료는 원칙이지 선택 사항이 아니다.
원하는 인생 역시 마찬가지다.
상황이 어렵게 되었다고
내 열정을 포기할 수는 없다.
열정은 좋은 인생을 만들기 위한
최소한의 조건이기 때문이다.
포기하지 않는 것만으로도 우리는
생각보다 더 근사한 인생을 만들 수 있다.

인생은 한 권의 책을 읽는 독서와 같다.
끝날 때까지는 어떤 일이 생겨도
책을 덮지 말아야 한다.

그냥 하는 사람이
가장 강력하다

새로운 시도를 할 때마다
의미를 찾으려고 하면 시작할 수 없다.
의미는 찾는 게 아니라
내가 새롭게 부여하는 것이다.
언제 나올지 모를 완벽한 계획보다
조금 부족해도 오늘의 실천이 낫다.

목표한 것을 이루기 위해
지금 가장 먼저 해야 할 건
일단 일어서서 한 발 걷는 것이다.

중간에 몇 걸음 뒤로 물러나게 되었다고
너무 걱정할 필요는 없다.
젊은 나날의 후퇴가
꼭 지는 것만을 의미하는 건 아니니까.

인생은 먼저 회복한 사람이
이기는 게임이다

인생에서 매번 완벽한 선택을 할 수는 없다.
실패할 때마다 거기에 빠져서 살면
아까운 시간과 감정만 허비하게 된다.
일단 실패한 자리에서 빠르게 회복한 후
다시 최선의 선택을 해야 한다.

아예 완벽한 선택은 세상에
존재하지 않는다고 생각하자.

인생은 선택과 실패,
회복과 선택의 끝없는 반복이다.

실패한 자리에서 조금씩 만회하면서
최선의 선택과 노력을 꾸준히 반복한 사람만이
길을 잃지 않고 끝까지 자신을 지킬 수 있다.

실패는 도넛의
구멍과도 같다

도넛을 먹을 때 구멍이
이상하다고 생각하는 사람은 없다.
오히려 중간에 구멍이 있어서
도넛은 자신의 정체성을 갖게 된다.

실패는 도넛의 구멍과도 같다.
도넛을 완성하기 위해서는
구멍이라는 공간이 반드시 필요하다.
그러니 자신의 실수에 대해서
너무 상처받거나 좌절하지 말자.

도넛이라는 성공의 결과물을 완성하려면
구멍이라는 실패의 나날이 필요하니까.

반복하는 사람은
실수로라도 성공하게 된다

대부분의 성공은
실수의 반복으로 이루어진다.
계속 시도하다 보면 나중에는
실수로라도 성공하게 되는 것이다.

아무리 그 분야에 대한 지식이 없어도
무작정 도전하는 것만으로도
누구나 한 번은 성공할 수밖에 없다.
결국 단 한 번도 성공하지 못했다는 건
시도조차 하지 않았다는 사실을 증명한다.

세상에는 녹슬어서 없어지는 사람도 있고
닳아서 없어지는 사람도 있다.
내 인생을 사랑한다면 최소한의 도전은 해야 한다.
실수로라도 성공한 경험이 없다면
그건 내 인생에 죄를 짓는 것과 같다.

넘어지고 울었던 시간이
진짜 나의 경쟁력이다

사람들의 마음에 들기 위해 애쓰지 말자.
선택을 받기 위한 눈치도 안 보는 게 좋다.
대신 나 자신에게 반할 수 있는 삶을 살자.
넘어졌다고 자책하지 말고
울고 있는 자신을 미워하지도 마라.
나는 넘어진 만큼 더 멀리 갈 수 있고
우는 만큼 내 세계를 확장할 수 있다.
다른 사람이 만든 길을 걸어가면서
그와 다른 도착지를 기대할 수는 없다.
진짜 내 삶을 살고 싶다는
간절한 소망을 잠시도 잊지 말자.

어른으로 살기 위해
꼭 돌아봐야 할 착각

1. 내가 선택했다는 착각
2. 이게 정의이자 진실이라는 착각
3. 내가 나서야 한다는 착각
4. 이게 내 생각이라는 착각
5. 다들 그렇게 생각한다는 착각
6. 이게 옳다는 착각
7. 정상으로 돌아가고 있다는 착각

우리는 수많은 착각을 하며 산다.
금방 깨닫고 올바른 길로 갈 수도 있지만
죽는 날까지 착각만 하며 살아갈 수도 있다.
중심을 잡고 제대로 어른으로 살고 싶다면
꼭 스스로에게 질문을 던지며 확인해야 한다.
사는 게 착각으로 느껴질 정도로
어지러운 세상을 살고 있으니까.

방황은
기적의 근거를 쌓는 시간이다

영상을 아무리 업로드해도
글을 아무리 많이 써서 올려도
반응도 없고 구독자도 늘지 않아서
자꾸 방황을 하게 된다.
과연 내가 틀린 걸까?
그런데 그게 아주 당연한 거다.
난 지금 기적의 근거를 만드는 중이기 때문이다.

그래서 모든 방황은 아름답다.
조금도 걱정하지 말고 그저 계속하자.
곧 나의 영상 혹은 글 하나가 빛을 발하면서
동시에 내가 지금까지 올린
모든 글과 영상도 재조명을 받게 될 것이다.
내가 애쓴 시간은 결코 사라지지 않는다.

나는 지금 기적의 근거를 차곡차곡 쌓는 중이다.

아무도 기대하지 않는 일에
매달려 보라

아무도 기대하지 않는 일이라는 건
그 일의 과정과 결과를
나만 기대한다는 멋진 사실을 증명한다.

얼마나 아름다운 일인가!
아무도 기대하지 않아서
모두의 기억에서 잊힌 일을
누구보다 근사하게 해낼 때
나는 인생 최고의 만족감을 느낄 수 있다.

모두가 외면하는 그 외로운 나날,
오직 내가 나를 믿는 그 힘 하나로
버티고 기대하고 희망하던 시간은 값지다.

인생에서 한 번 정도는 아무도 기대하지 않는
일에 매달려서 치열하게 살아보는 게 좋다.

가장 열광적인 꿈을 꿀 때
근사한 삶이 찾아온다

판단과 결론은 나중에 해도 좋다.
젊은 시절에는 새롭게 계획을 세워서
다양하게 도전한 경험이 필요하다.
젊은 시절은 끝없이 시작하는 시기이지
결론을 내는 시기가 아니다.

젊은 시절의 도전은
실패할 가능성이 높다.
그러나 그럼에도 도전하는
그 자세는 언제나 옳다.

가장 열광적인 꿈을 꿔야
열광적인 하루를 살게 된다.
실패와 사색을 거듭하면서 얻은
나만의 깨달음을 통해서
훗날 근사한 결론을 낼 수 있다.

체력을 앞서는
정신력은 결코 없다

인내력이 없는 열정은
무모한 욕심에 불과하다.
끝까지 가봐야 뭐든 알 수 있다.
출발선에서는 보이지 않았던 것이
끝에 다가갈수록 보이기 시작한다.
그래서 꿈이 크다면 인내할 수 있도록
체력을 강하게 길러야 한다.
체력이 약하면 자꾸만 멈추고 싶어져서
자신의 한계를 낮추기 때문이다.

정신력을 아무리 강조해도 체력은 나아지지 않는다.
내 목표를 이뤄줄 충분한 체력을 갖춰야
정신력의 도움도 받을 수 있다.

포기도 자꾸 반복하면
버릇이 된다

시작하기 전에 너무 많은 생각을 하거나
모두 끝난 후에 지나치게 고민하는 건
성장에 전혀 도움이 되지 않는다.

너무 많은 생각을 하면
도전을 하지 못하게 되고,
끝난 후에 너무 깊이 고민하면
후회만 가득한 인생을 살게 된다.
그런 나쁜 태도가
오히려 도전을 포기하게 만들고
나중에는 포기하는 일상이
삶을 대하는 태도가 되고 버릇이 된다.

자신에게 너무 강한 압박감을 주지 마라.
시도해 보지 않으면 그 누구도 자신이
어느 정도를 해낼 수 있는지 알 수 없다.
젊은 시절에는 시작이 유일한 목적인 것처럼
가볍게 살아야 한다.

나는 무엇이든
할 수 있는 사람이다

1년에는 하루가 365개 있고
하루에는 한 시간이 24개나 있으며
한 시간에는 1분이 60개나 있다.

할 수 없다고 투덜대는 1분을 아껴서
할 수 없다고 생각하는 일에 투자하면
결국 할 수 있는 일이 되어 나를 키운다.

지식을 알면서도 실천하지 않으면
그건 내 인생에 대한 예의가 아니다.

10년을 웃으며
투자할 일

사람은 자신이 사랑하는 일을 해야 한다.
그게 아니면 지금 하는 일을 사랑해야 한다.
사랑해야 웃으며 10년을 투자할 수 있다.

나이 들수록 더 찾아내기 힘들어지니
최대한 젊을 때 다양한 시도를 하며
힘들어도 웃을 수 있는 일을 만나자.

돈과 지위, 명예 등을 제외하면
좀 더 빠르게 사랑하는 일을 찾을 수 있다.
지금 포기한 것들은 10년을 투자한 후에
곱셈으로 받을 수 있으니 잠시만 참자.

처음부터 모든 것을 다 가질 수는 없다.
눈물이 없는 눈에는 무지개가 뜨지 않는다.

새벽 운동이
수준 높은 인생을 만든다

나는 매일 새벽에 일어나 운동을 하며
나의 강한 의지를 확인할 수 있다.
매일 무언가를 해냈다는 성취감을 느끼며
나 자신에 대한 자부심도 가질 수 있다.

변명이라는 지방이 점점 사라지고
가능성이라는 탄탄한 근육이 자리잡는다.

내가 해낼 수 있는 것들이 많아지고
나를 보는 사람들의 시선이 바뀐다.
기대를 받고 기대 그 이상을 해내면서
내 인생의 수준은 점점 높아진다.
나는 운명까지도 내가 스스로 제어한다.

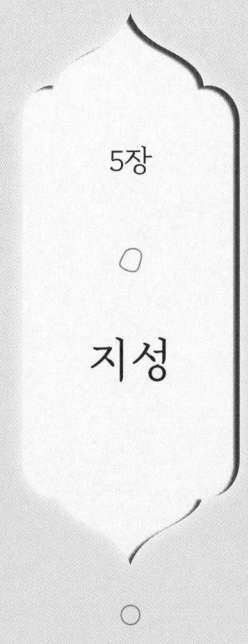

5장

지성

스펙의 크기는
두려움의 크기와 같다

나를 망치는
가장 위험한 생각

"그거 다 아는 건데."
"머리로는 다 아는데."
늘 이렇게 말하는 사람들은
뭔가를 해내지 못하고 방황한다.

스스로 '안다고 생각하는 것'은
진짜 아는 상태가 아니다.

진짜로 아는 게 아니라
'안다고 생각하는 것'일 뿐이다.
진짜로 그 가치를 아는 사람들은
그걸 실천하느라 안다고 말할 시간도 없다.

머리로 생각만 하는 사람은
진짜로 아는 사람이 아니다.

마흔 전에 이걸 해낼 수 있어야
인생이 편하다

1. 인연을 분명한 기준으로 맺고 끊기
2. 사랑하는 사람들에게 예쁜 말 들려주기
3. 다른 사람의 생각으로 결정하지 않기
4. 한 번 계획한 건 반드시 지키기
5. 내가 듣기 싫은 말 상대에게 하지 않기
6. 맹목적인 사랑과 지지에서 벗어나기
7. 삶이 뜻대로 되지 않을 때 오히려 차분하기
8. 먼저 경청한 후에 천천히 말하기

마흔 이후 흔들리는 이유는 대부분 여기에 있다.
한 번 사는 인생 잘 살고 싶다면 꼭 기억하자.
결국 잘되는 인생은 삶의 루틴이 다르다.

배운 자는 많지만
깨달은 자는 소수인 이유

배운다고 모두 다 이해할 수 있는 건 아니다.
깨달음의 순서를 제대로 알아야
진짜 공부를 시작할 수 있다.

젊은 시절에 배운 모든 것들은
치열한 실천을 통해서
중년 이후 하나하나 이해하게 된다.

지성인이 될 수 있는 유일한 길은
오직 경험 속에만 존재한다.
그래서 모두가 배울 수는 있지만
깨달음은 오직 자신의 몫이다.

배운 자는 많지만, 깨달은 자는 소수다.

적당한 수치심은
오히려 내게 이롭다

무기력한 사람에게는
어떤 수치심도 들지 않는다.

어떤 상황에서
수치심이 느껴진다는 건
책임감을 갖고 있다는 증거다.

책임감은 내가 선택한 일에서만
가질 수 있는 특권이다.
그래서 수치심을 느낀다는 것은
스스로 생각하고 있다는 뜻이며
내 안에 잘하고 싶다는
기분 좋은 욕망이 있다는 증거다.

적당한 수치심은 오히려 나를 키운다.

지성이 이끄는
열정이 필요하다

열정은 입으로 외치는 게 아니라
다리로 끝없이 실천하는 것이다.
일시적으로 뜨거운 온도가 아닌
꾸준히 유지하는 지속성이 중요하다.

높은 지성이 없는 열정은
방향을 잡지 못한 광기에 불과하다.
지적 수준이 낮으면 길을 찾지 못하고
끝까지 가야 할 이유조차 알지 못해서
자신을 설득하지 못하기 때문이다.

언제나 배우는 자세를 유지하는
지적인 사람만이
어떤 방해를 받아도 흔들리지 않고
열정을 오랫동안 지속할 수 있다.

젊은 시절에는
이 말을 자주 들어야 한다

"너무 단정적으로 말하는 거 아니야?"
이 말을 듣고 사는 삶을 두려워하지 마라.
단정적으로 말할 것들이 없는 삶은
분명한 자기 삶의 원칙과 생각이 없는
무기력한 인생을 만들 가능성이 높다.

젊은 시절은 "이게 옳아!"라고
확실히 주장할 정도로 굳게 믿는 것들을
하나하나 만들어 자기 삶을 구축하는 시기다.

내가 단정할 수 있는 게 많을수록
글로 쓸 수 있는 것도 많아진다.
단정적으로 말할 수 있을 때만이
글로도 쓸 수 있기 때문이다.
망설이지 않고 무언가를 주장할 수 있다는
삶이 주는 아름다운 선물을 놓치지 마라.

깨달은 사람은
내가 듣기 싫은 말을 하지 않는다

분노한 자의 입에서 나오는
비난과 야유, 조롱과 비아냥은
나의 언어가 아니다.
내가 듣기에도 싫은 그 말을 들려주며
상대가 고통을 겪거나 바뀌기를 바라겠지만
사람은 다른 이의 말을 통해 달라지지 않는다.
깨달음은 언제나 스스로의 몫이기 때문이다.

그 진리를 아는 지성인의 입에서는
비난과 야유, 그리고 조롱과 비아냥이라는
기분 나쁜 손님이 잠시도 머물 수 없다.

그저 잠시의 통쾌함을 추구한다면
나는 나의 인생을 제대로 살 수 없다.

경험을 기술로 대체하는 순간
인생은 끝난다

스마트폰과 각종 전자기기에 의지하며
경험까지도 기술로 대체하는 사람에게는
오히려 기술의 발전이 해가 된다.
기술이 발전할수록 자신은 후퇴하기 때문이다.

검색은 타인의 지식을 찾는 일이고
탐색은 자기만의 지식을 만드는 일인데,
치열하게 경험한 시간이 있어야
농밀한 탐색을 할 수 있다.

사소한 것 하나라도 기술에 맡기지 말고
스스로 찾아서 끝까지 경험해야 한다.
그래야 온갖 기술을 멋지게 활용할 수 있다.

지적인 성장은 기술 안에 있는 게 아니라
탐색하고 경험하는 일상 속에 있다.

스펙의 크기는
두려움의 크기와 같다

사소한 자격증 하나도
무조건 취득하려고 하지 마라.
그렇게 얻은 스펙은
나의 높은 능력이 아니라
오히려 낮은 지성을 증명할 뿐이다.

이것저것 다 모으려는 마음은
세상이 두렵기 때문에 나오는
약한 자의 선택이다.

자격증이 필요하지 않다는 말이 아니다.
내게 진짜 필요한 것이 아니라면
나머지는 모두 세상을 향한 두려움의 증거다.

정상에 있는 사람과 인연을 맺으면 이것이 보인다

분야가 완전히 다르더라도 정상에 있는 사람들은
'앞으로 어떻게 살아야 할지'에 대한 길을 보여준다.

그들이 하는 말과 글을 습관적으로 필사하면
그들이 지금까지 쌓은 모든 지성과 경험을
내 안에 담을 수 있으며
필요할 때마다 꺼내서 참고할 수 있다.

분야가 다르다고 외면하지 말고
분야가 달라서 오히려 더 새로운
깨달음을 얻을 수 있다고 생각하며
온라인에서라도 가까이 지내도록 노력하라.

최고의 서비스를 경험하는 데
돈을 아끼지 말 것

가성비를 중요하게 생각하는 것도 좋다.
하지만 경험을 쌓아야 할 젊은 시절에는
일부러 좋은 호텔이나 식당에 가서
최고의 서비스를 자주 경험해야 한다.

최고의 서비스를 경험하지 못한 사람은
그게 무엇인지 아예 알 수가 없어서
누군가에게 그런 서비스를 베풀 수가 없다.

몰라서 못하는 게 최악의 고통이다.
돈으로 살 수 없는 귀한 깨달음을
얻는다고 생각하며 좋은 곳에 자주 가라.
좋은 게 뭔지 알아야 소중한 사람들에게
좋은 것을 주면서 살아갈 수 있다.

섬세하게 관찰하는 사람을
만나야 하는 이유

다정한 눈빛으로 섬세하게
내 기분과 마음을 관찰하듯
바라봐 주는 사람을 만나면
딱 기분 좋을 정도의 관심이 느껴져서
내 시간과 공간이 더 따뜻해진다.

절대로 넘지 말아야 할 선과
넘어야 오히려 좋은 기분을 줄 수 있는
그 미묘한 기준점을 잘 알고 있어서
그를 만나고 있으면 어떤 정적도
달콤한 음악처럼 느껴지는
아름다운 시간을 선물처럼 즐길 수 있다.

나도 모르는 내 가치를
찾아주는 사람

나도 모르는 나의 가치를 발견하려면
나보다 지적 수준이 높은 사람을 만나야 한다.
나와 비슷한 수준의 사람들은
내가 지금 갖고 있는 수준으로 나를 판단하지만
나보다 지적 수준이 높은 사람들은
내가 발휘할 수 있는 잠재력의 수준으로
나를 판단하고 길을 보여주기 때문이다.

나도 모르는 나의 무한한 가능성을 발견하고 싶다면
언제나 나보다 나은 사람들과 어울려야 한다.

마흔 넘으면 알게 되는
부질없는 순간

1. 남과 나를 비교하며 살았던 시간
2. 무례한 사람들에게 낭비한 체력
3. 행복을 자꾸만 뒤로 미뤘던 것
4. 하늘이 아닌 전자기기 화면만 본 시간
5. 인맥이 전부라고 생각하며 살았던 나날
6. 잘 모르는 남을 미워하고 분노한 것
7. 혼자가 외로워서 억지로 함께한 나날

나중에 함께 잘 살기 위해서는 나 자신이
이 세상이라는 대지에 깊이 뿌리를 내려야 한다.
모든 선택 앞에서 늘 중심에 나를 둬야 한다.
그래야 잘되든 못 되든 '이게 내 인생이다'라고
부를 수 있는 진짜 인생을 살 수 있다.

지혜로운 자가
진리를 깨우치는 법

무언가를 알려주면 다수가 이렇게 반응한다.
"매일 반성하지만 내 마음대로 되지 않습니다."
하지만 소수의 지혜로운 자는 반응이 다르다.
"점점 내 마음대로 되어가는 중입니다."

아무리 배워도 깨닫지 못하는 자는
자신도 모르게 부정적인 감정에 집중하고,
스스로 하나하나 깨닫는 지혜로운 자는
명확히 의식하며 긍정의 공간으로 다가간다.

삶의 곳곳에서 의식하며 깨어 있는 자가
더 많은 깨달음을 일상에서 즐길 수 있다.

나는 지금 안 되는 게 아니라
조금씩 되어가는 중이다.
세상의 모든 진리는 깨어나
긍정하는 자의 몫이다.

평생 성장하지 않게
가로막는 이 말

"그것도 맞는 말이지만"이라는 표현은
상대방의 말을 잘 듣는 척하면서
은근히 자신의 주장을 펼치려고 하는 말이다.

존중처럼 보이는 표현 뒤에 숨어서
자신의 주장을 억지로 관철시키려는
일방적인 욕심이 이 말을 만들어낸다.

늘 배우며 성장하는 사람들은 이 말 대신에
"아, 그렇구나"라고 차분하게 말한다.
그 말에는 배우려는 겸손한 자세가 들어 있다.

말버릇처럼 성장의 언어를 사용하는 사람과
깊고 단단한 인연을 맺어야
매일을 성장의 나날로 만들 수 있다.

과거 이야기를 하는 순간
내 인생은 후퇴한다

아무리 그 시절이 화려했어도
과거 이야기는 최대한 하지 말자.
과거 이야기를 하는 동안
그곳에 갇혀 살게 되기 때문이다.

나는 오늘을 사는 사람이다.
가슴에 희망을 품으며 살고 싶다면
조금 불안해도 내일을 이야기하자.
과거 이야기만 하면 과거에 갇혀 살지만
미래 이야기를 하면 미래를 향해서
한 발이라도 더 나아갈 수 있다.

지금이 마치 막차인 것처럼
오늘 세운 나의 목표를 쫓아가자.

6장

사랑

흔들릴 줄 알아야
부서지지 않는다

사랑 없이
청춘을 말할 수 있을까

젊은 날의 사랑은 그 사람의 인생을
평생 풍성하게 해준다.
상처받을 것이 두려운 나머지
머뭇거리며 청춘을 낭비하지 말고
미치도록 치열한 사랑에 빠져서 살아보라.

우리는 사랑하는 사람에게서만
무언가를 배울 수 있고,
사랑하는 사람을 통해
힘든 나날을 견딜 힘도 얻을 수 있다.

뜨겁게 사랑해 본 사람만이
다른 누군가를 위해 아파할 수 있고
아파한 만큼 더 많은 것을 배울 수 있다.
사랑의 깊이가 곧 깨달음의 두께를 결정하니
치열하게 사랑하고 끝없이 배우며 살자.

힘들수록 자신에게
다정해야 하는 이유

힘들 때 자책하는 습관은
자신을 더 미운 사람으로 만든다.
그건 스스로 자기 삶의 희망을 끄고
절망이라는 스위치를 누르는 것과 같다.

힘든 나를 더 힘들게 만들지 말자.
나를 가장 모질게 대한 건 언제나 나였다.
남들에게 주는 다정한 언어를
자신에게 가장 먼저 선물해야 한다.

언제든 자신을 사랑할 수 있는 사람은
어디에서든 천국을 경험할 수 있다.

아직 일어나지 않은 일을
걱정하는 너에게

미리 걱정한다고 달라지는 건 없다.
좋은 일도 그리 많이 생기진 않지만,
나쁜 일도 생각보다 잘 일어나지 않는다.
만약 나쁜 일이 현실에서 일어나면
걱정은 그때부터 시작해도 늦지 않다.

실력을 기르는 데 투자해야 할 값진 일상을
걱정으로만 채우는 사람들에게는
오히려 나쁜 일이 더 자주 일어난다.

나쁜 일이라는 놈도 영악해서
자신이 편안하게 오래 머물 곳을 찾기 때문에
실력이 없는 약한 내면의 소유자는
점점 더 불행해지는 인생을 살게 된다.

미리 걱정하지 말고
그 시간에 실력을 쌓아라.

가장 매력적인
나로 살아야 한다

잘생기거나 예쁘게 태어나는 건
스스로 결정할 수 없다.
하지만 매력적인 사람이 되는 건
스스로의 노력으로 얼마든지 가능하다.

젊은 나날을 가장 매력적인 모습으로 살면
서른, 마흔이 지나면서
인생이 더 다채롭게 빛난다.

스스로에게 더 멋진 하루를 살 수 있는
아름다운 기회를 허락하자.

감성이라는 '인생의 킥'을 찾아라

어떤 일이든 그 분야의 대가를 만나면
자신의 일은 어떤 인공지능도 대체할 수 없으니
미래가 어떻게 변하든 별 상관이 없다고 말한다.

어떤 일이든 한 분야의 대가가 되면
그가 만든 모든 작품과 콘텐츠에
그가 아니면 흉내낼 수 없는 감성이 담긴다.

요리를 빛내는 강렬한 한 방을 킥이라고 부르듯
인생을 빛내는 강렬한 한 방은 바로 감성이다.

인공지능이 발전하면 발전할수록
대가의 면모는 더욱 빛나게 된다.
그에게만 존재하는 감성이 그를 빛내기 때문이다.

누구든 꾸준히 하면 별처럼 빛나는
자기만의 감성을 가질 수 있으니
포기하지 말고 자신의 가능성을 믿어라.

20대를 가장
빛나게 보내는 방법

결과에서 나오는 우월감이 아닌
과정이 주는 기쁨을 보라.
타인보다 나아지려는 우월감은
자신에게 당장의 통쾌함만 줄 뿐
인생에서 큰 의미가 없다.

과거의 나보다 나아지려는 마음이
내가 가진 가치를 더욱 빛낸다.
돈과 물질로 상대를 이기려는
어리석은 선택을 하지 말고
목표를 이루어가는 과정에서
행복과 기쁨을 충분히 즐겨야 한다.

자신을 믿고 과정을 즐기는 사람은
결핍마저도 빛나게 보인다.

소망하는 목표를
가장 지혜롭게 이루는 법

넘어졌다면 일어서면 된다.
젖은 옷은 말리면 된다.
속도와 양은 중요하지 않다.
젊은 시절에 한 번에 많은 것을 바라면
결국 하나도 해내지 못하게 된다.
한 번에 하나씩 소망하며 사는 게
청춘에게 주어진 값진 소명이다.

모두에게 사랑받고 싶다는
슬픈 욕망

모두에게 사랑받고 싶다는 욕망이
세상에서 가장 슬픈 욕망인 이유는
그들은 정작 자신을 사랑하지 않는
가볍고 연약한 존재이기 때문이다.

자신을 굳게 사랑하는 사람들은
타인의 인정과 사랑을 욕망하지 않는다.
자신을 사랑하며 살아가는 것만으로도
절대로 변하지 않는 가장 든든한 지지자를
곁에 둔 것과 마찬가지이기 때문이다.

젊은 시절에 자기 자신을 믿고
사랑하는 것보다 귀한 가치는 없다.
자신을 향한 로맨스는 살아 있는 한
영원히 끝나지 않으니까.

하루하루 모든 것이
다 좋아질 것이다

자신을 사랑하는 법을 아는 사람은
자신의 아픈 마음을 치유할 줄 안다.
자고 일어나면 내가 고민하는
모든 문제는 다 깨끗하게 풀린다.

나는 누구의 도움도 바라지 않는다.
내게 주어진 문제는 내가 해결할 것이다.
다만 나 스스로에게 약속할 수 있다.
자고 일어나면 모든 문제는 다 풀리고
나는 새롭게 시작할 수 있다.

점점 나아지는 삶은 나의 몫이고
그런 나를, 나는 믿고 사랑한다.
사랑은 모든 증오와 온갖 유해한 것들을
완벽하게 덮어버리는 가장 포근한 이불이다.

마음이 편안해지는
나만의 공간을 만들어라

오랫동안 자신의 SNS 계정을 잘 키우는
사람들에게는 '차단'이라는 기능을
적절하게 활용한다는 공통점이 있다.
온라인도 하나의 공간이라서 더 많은
사람들에게 편안한 공간을 제공하기 위해서는
적절하게 막을 줄도 알아야 하기 때문이다.

우리들 인생도 힘들 때 쉴 공간이 필요하다.
마음이 어지러울 때 있으면 편안해지는 곳,
일이 잘 되지 않을 때 있으면 차분해지는 곳,
모든 소음을 차단한 자기만의 공간을 만든 사람은
방황할 수는 있어도 포기하진 않는다.

상처받기 싫어서
혼자가 된 너에게

사람과 일, 희망과 꿈, 이 모든 것들은
내게 간혹 상처로 남기도 한다.
더는 상처받기 싫어서 혼자 있는 날에는
좀 더 느리게 일상을 흘려보낼 필요가 있다.

마음이 복잡할수록 하루의 시작을 가볍게 하자.
산더미처럼 쌓여 있는 일은 잠시 잊고,
마음을 가볍게 해주는 즐거운 일과
생각만으로 행복해지는 일을 먼저 떠올리자.

하루를 산더미처럼 쌓여 있는 일로 시작하면
마치 내 인생도 도저히 넘을 수 없는
산처럼 버겁게 느껴지게 된다.
즐겁고 가벼운 마음으로 하루를 보내야
다시 멋지게 시작할 용기를 낼 수 있다.

흔들릴 줄 알아야
부서지지 않는다

지쳐서 아무것도 하기 싫은데
정작 아무것도 하지 않고 있으면
불안해서 뭐든 해야 할 것 같은
나조차 알 수 없는 마음이 드는 건
이상할 게 없는 지극히 당연한 일이다.

세상에 흔들리지 않는 사람은 없다.
남들의 하루는 괜히 멋져 보이고
내 하루는 사소하게 느껴지는 것도
모두가 공감하는 보통의 하루다.

나는 흔들리는 게 아니라
현실과 이상 사이에서 균형을 잡는 것이고,
내 삶은 불안한 게 아니라
열정이 뜨거워서 가만 있지 못하는 것이다.

그 누구가 아닌
나를 먼저 사랑하자

평생 누구에게도 충실하지 못했다는
사실에 아파하면서도
정작 자신에게는 충실한 적이 없고
평생 사랑을 찾아 살았으면서도
정작 자신을 사랑한 적은 없다는
슬픈 사실을 훗날 후회하지 않도록
지금 이 순간 누구보다 소중한
자기 자신에게 충실하자.

결코 돌아오지 않는
오늘을 찬란하게 보내야 한다

젊은 시절은 그냥 주어진 게 아니다.
내 인생에서 가장 빛나는 순간을
앞으로 끌어와서 먼저 쓰는 것이다.
세상에 이보다 더 심한 사치는 없으니
결코 이 시간을 헛되이 보내지 마라.
다시 주어지지 않는 이 사치스러운 시간을
가장 가치 있는 일을 하며 채워야 한다.

사랑도 미치도록 치열하게,
작은 도전 하나를 하더라도
이게 마지막인 것처럼 전력으로 하자.
사라지는 시간보다
귀한 흔적을 남겨야 한다.

세상에서 가장 많이
아는 사람은 누구인가?

"누가 그걸 모르냐?"라는 말은 자주 들리지만
"그건 몰랐던 건데"라는 말은 잘 들리지 않는다.
스스로 안다고 생각하긴 쉽지만
모른다는 사실을 깨닫기는 어렵기 때문이다.

자신을 사랑하는 사람만이
지금 모르는 게 무엇인지,
무엇을 더 배워야 하는지 알 수 있다.
그러므로 이 사실을 기억하자.
나는 언제든 틀릴 수 있다고 생각하는 사람이
바로 세상에서 가장 많이 아는 사람이다.
안다고 말하는 사람은 적게 아는 자이고,
모른다고 말하는 사람이 가장 많이 아는 자다.

지식은 모두의 것이지만
깨달음이 소수의 특권인 이유는
사랑의 부재 때문이다.

남은 나에게
큰 관심이 없다

살면서 많은 순간 나도
내 편이 아니었던 것처럼
대부분의 사람도 내 편이 아니고,
반대로 내 적이 될 가능성도 거의 없다.
내 앞에 있는 사람들은 모두
각자의 삶을 살아갈 뿐이다.
나도 내게 주어진 삶을 살면 된다.

나도 내게 큰 흥미가 없어서
가끔은 사는 게 지루한데
과연 누가 내게 관심을 갖겠는가.

그러니 타인의 호감을 사기 위해
시간을 낭비하지 말고 그 모든 시간을
자신을 사랑하고 아끼는 데 써라.

의외로 힘들지만
인생에 꼭 필요한 7가지

1. 생각을 말로 표현하는 능력
2. 나 자신을 믿고 사랑하는 태도
3. 타인의 표정에 흔들리지 않는 힘
4. 마음을 글로 표현하는 기술
5. 어디에서든 강연할 수 있는 내공
6. 심각하게 생각하지 않고 넘기는 여유
7. 죄책감 전혀 없이 거절하는 용기

눈으로 읽을 땐 마음만 먹으면
가능할 것 같다고 생각할 수도 있지만,
실제로 매우 어렵고 힘든
'잘 사는 인생의 본질'과도 같은 것들이다.
최대한 젊을 때 이런 능력을 가질 수 있다면
그 인생은 스스로도 기대할 수 있는 나날이 된다.

7장

언어

없는 게 아니라
내가 못 본 것이다

중요한 단어는
스스로 재정의를 하라

내가 흔들릴 때마다 세상과 사람은
"괜찮아?"라고 위로하듯 묻는다.
하지만 꼭 괜찮아야 하는 건 아니다.
괜찮지 않아도, 나는 괜찮기 때문이다.

세상 모든 사람이 다 괜찮아야 하는 건 아니다.
내게 흔들림이라는 단어는 전혀 다른 의미다.
흔들리고 있지만 꾸준히 나아가는
지금 이 모습도 나는 충분히 좋다.
흔들린다는 건 내가 지금 어딘가로
전력을 다해 뛰고 있다는 증거다.

중요하게 생각하는 단어가 있다면
내 삶이라는 사전에 맞게 재정의를 하라.
그래야 중심을 잡고 살 수 있다.
단어가 쌓여서 결국 인생이 되는 거니까.

한 작가의 책을
모두 다 읽어보자

몸이 성장하듯 언어도 함께 성장한다.
아니, 성장해야만 한다.
다양한 책을 읽는 것도 좋지만
한 작가가 펼친 다양한 세계를 보면
비록 한 사람이지만 인생이 깊어질수록
그 안에서 다양한 세계를 만날 수 있다는
값진 깨달음을 얻게 된다.
그 지성과 의식의 흐름 속에서
나만의 길을 자연스럽게 발견할 수 있다.

지식에 대한 욕망이 아닌
성장을 향한 갈망을 갖고 시작하면
한 작가의 책을 모두 다 읽으며
나의 목표를 찾을 수 있다.

'편의점 도시락으로 때웠다'라는
유해한 말

내가 사용하는 언어의 수준이
곧 내가 살아갈 세계의 수준을 결정한다.
'때웠다', '해결했다'라는 말은 소중한 자신의
가치를 완전히 무너지게 만드는 유해한 표현이다.
시간과 돈의 여유가 없는 날에는
편의점 도시락을 먹을 수도 있다.
문제는 그런 자신을 향한
최소한의 예의는 지켜야 한다는 거다.

"점심에 편의점 도시락을 즐기며 시간을 보냈다"처럼
'즐기다'라는 말을 자주 사용하면 좋다.
그 누구도 내가 가진 가치를 보호해 주지 않는다.
내 가치는 내가 스스로 지켜내야 한다.

음악을 즐기다, 공간을 즐기다, 음식을 즐기다와 같이
뭐든 즐긴다고 생각하면 마음이 더 따뜻해진다.

SNS에 쓴 글을 보면
그가 살아갈 내일이 보인다

어떤 사람의 미래가 궁금하다면
지난 한 달 동안 그가 자신의
SNS에 쓴 글을 살펴보면 된다.
온통 남에 대한 이야기로만 가득하다면
그는 10년 후에도 그렇게 살 가능성이 높다.
하지만 자신에 대한 이야기로만 가득하다면
그는 10년 후에 몰라보게 성장할 가능성이 높다.

남에 대한 글만 쓰면 남의 단점만 들추며
혼자 통쾌해하거나 분노하며 살지만
자신에 대한 글을 쓰면 나날이 발전하는
긍정적인 변화를 체감하며 성장하기 때문이다.

지금은 좀 부족해도 매일 SNS를 자신의 이야기로
가득 채우는 사람과 인연을 맺으면 내 삶도 나아진다.

3가지 착각을 버려야
진짜 글쓰기를 시작할 수 있다

1. 길게 쓴 글이 잘 쓴 글이라는 착각
2. 오랫동안 붙잡고 있어야 좋은 글이 나온다는 착각
3. 더 많이 배워야 잘 쓸 수 있다는 착각

글은 엉덩이의 힘이 아닌, 일상의 힘으로 쓰는 거다.
또한 배운 게 아니라, 내가 본 것을 쓰는 거다.
배운 건 모두의 것이지만 본 것은 나만의 것이라,
그저 쓰기만 하면 유일한 글로 완성할 수 있기 때문이다.
그래서 일상을 지혜롭게 사는 사람의 글은 짧지만,
에스프레소처럼 한없이 다채롭고 농밀하다.

세상에서 가장 창조적인
행동은 '댓글 쓰기'다

SNS를 가장 이상적으로 활용하려면
매일 30분 이상 시간을 내서 사람들이
쓴 글을 읽고 댓글을 달아야 한다.

하나의 글은 하나의 고민이다.
즉, 그들이 쓴 글을 읽으면서 나는
그들이 가진 고민을 접할 수 있다.
또한 댓글을 달며 그들의 고민에 대한
나만의 해결책이나 방법을 찾아낼 수 있다.
이를 통해서 내가 경험하지 못했던
수많은 고민에 대한 깊은 사색과
창조적 사고를 자연스럽게 할 수 있게 된다.

댓글 쓰기는 가장 창조적인 글쓰기의 시작이니
매일 습관처럼 반복하며 연습하자.

20대를 더 다채롭게
빛내는 5가지 말

1. 나는 존재하지 않는 것을 가슴에 품고
이루어질 때까지 놓지 않는 사람이다.

2. 필사는 내 방식으로 세상을 그리는
또 하나의 방법이다.

3. 나는 이해할 수 없다는 말을 사랑한다.
이제 이해할 일만 남았기 때문이다.

4. 우리 삶을 구성하는 고귀한 것들은
언제나 다정한 태도에서 나온다.

5. 진실이 꼭 우리를 구하는 건 아니다.
그럼에도 나는 진실을 사랑한다.

없는 게 아니라
내가 못 본 것이다

세상에는 보여줘도 못 보는 사람이 많다.
'안'과 '못'을 구별해서 설명하는 삶을 시작하자.

"어제 왜 그걸 안 했을까?"라고 말하면
나는 그 일을 안 한 사람이고
그렇게 자책하며 모든 게 끝난다.
"어제 왜 그걸 못했을까?"라고 바꾸면
나는 '못'한 이유를 찾게 된다.

자신에게 결과에 대해 설명할 기회를 주자.
스스로에게 결과가 아닌 과정의 언어를 들려주면
그 속에서 내가 몰랐던 것을 알게 되고
그간 보이지 않았던 것들의 존재까지 깨닫게 된다.
'못'을 자주 사용하면 더 많은 세상을 만난다.

마치 이불처럼
말로 안아주는 사람을 만나라

남들을 웃기려는 목적으로 누군가의
마음을 아프게 하는 사람을 조심해야 한다.
그는 언젠가 내 마음까지도
웃음의 재료로 사용할 수 있기 때문이다.
반대로 힘들고 지친 내 마음을 지켜주고
이불처럼 안아주는 말을 하는 사람이 있다면,
그 사람을 절대로 놓치면 안 된다.

그는 모두가 나를 떠나도 마지막까지
나를 믿고 응원해 줄 단 한 사람이니까.

누군가 자꾸 실수를 반복하면
이렇게 말하자

누군가 자꾸 실수를 반복할 때,
에콰도르에서는 이렇게 말한다.
"너 사랑에 빠졌구나."
"저 사람 사랑에 빠진 것 같아."

예쁜 말이 기본이 된 다정한 공간에서는
따로 예쁘게 말하려고 애를 쓸 필요가 없다.
하지만 늘 평가하고 단정하는 곳에서는
예쁜 말이 너무 낯설게 느껴져서,
처음 들어본 외국어보다 멀게 느껴진다.

물론 실수를 고치는 것도 중요하다.
하지만 마음의 여유를 갖고
내가 사랑하는 소중한 사람들에게
다정하고 예쁘게 말하면 모두가 행복해진다.
다정한 마음이 죽어가는 생명도 구할 수 있다.

마음이 넉넉한 사람과
나누는 대화가 즐겁다

자신이 아닌 상대방을 중심에 두고
다정한 마음으로 대화를 나누는 사람은
존재만으로 내게 무해하다.
그 사람 옆에 있으면 한없이
마음이 따뜻해져서
뭐든 해낼 수 있다는 생각이 든다.

내가 나로 태어나서 참 다행이라는
예쁜 생각을 하게 만들어주는 그 사람,
그런 사람이 곁에 있다면 놓치지 말고
만일 없다면 누군가에게 그런 존재가 되어보라.
인생이 5월의 햇살처럼 따뜻하게 빛날 것이다.

빈정거리는 말투가
인생을 망칠 수도 있다

말보다 더 중요한 게 말투다.
쌓은 경험과 배운 지식이 아무리 많아도
빈정거리는 말투 하나로 모든 게 사라진다.
또한 99번 상대에게 다정하게 말해도
한 번의 빈정거리는 말로 모든 게 무너진다.
빈정거리는 말투는 상대의 약점을 자극해서
어떻게든 이기려는 욕심을 보이니
그 마음을 언제나 잘 제어해야 한다.

듣기만 해도 기분 좋은 언어를 습관화하자.
말투를 스스로 제어한 사람만이
인생도 원하는 대로 살아갈 수 있다.

'더 나은 방법 찾기 일기'를 쓰면
나에게 생기는 일

내 인생에서 일어나는 모든 방황은
반드시 더 좋은 길을 찾는 순간이어야 한다.
매일 내가 고민하는 문제에 대해서
그걸 해결할 수 있는 방법까지 찾아서 일기를 쓰자.
경험에서 나온 이야기가 차곡차곡 쌓이면
자연스럽게 나의 언어에
긍정과 희망을 더할 수 있으며,
하루하루 수준이 높아지는 나의 생각과
가능성도 실감하게 된다.

끝없이 더 나은 방법을 찾는 내가 되자.
하루를 대하는 나의 정성스러운 태도가,
곧 내가 만날 미래의 삶을 결정한다.

내 삶의 의미를 잃지 않게
해주는 글쓰기의 조건

쓰는 동안 내 마음이 따뜻했던 글이
읽는 사람의 마음도 따뜻하게 해준다.
내가 글에 담은 마음은 결국
읽는 사람에게 온전히 전해진다.

내 마음의 온도가 내 글의 온도를 결정하고
내 삶의 태도가 내 글의 깊이를 결정한다.

의미 있는 삶을 살고 싶다면
글과 하나가 된 하루하루를 보내야 한다.

삶이 그대로 글이 되고,
글이 그대로 삶이 되는 인생은
어떤 세상에서도 빛을 잃지 않는다.

예민한 사람의 인생을 바꾸는
단 하나의 질문

뭐든 예민하게 반응하는 사람에게는
불안, 불평 등 온갖 나쁜 감정만 찾아온다.
하지만 예민한 성격도 충분히 변할 수 있다.
일상에 이 긍정의 질문만 추가하면
바로 섬세한 사람으로 바뀐다.
"이걸 어떻게 하면 좋게 활용할 수 있을까?"

예민한 사람이나 섬세한 사람이나
눈에 보이는 건 모두 같다.
다만 뭐든 좋게 활용하려는 긍정의 질문이
예민한 사람을 섬세하게 바꾼다.
예민하게 굴면 나만 손해다.
뭐든 좋게 보려고 노력하자.
그것이 나를 위한 선택이다.

잘나갈 때 굳이 자랑하면 욕먹는 이유

학창시절에 시험 100점을 맞으면
금방 여기저기에 소문이 나서 다 안다.
잘나가는 사람은 굳이 스스로 알리지 않아도
내가 모르는 사람들까지도 그 사실을 알고 있다.
그래서 잘나갈 때 굳이 자랑하면
듣는 사람 입장에서는 짜증이 나고 욕을 먹게 된다.
자랑은 잘나가지 않을 때 이것저것 모아서
먹고살기 위해서 하는 것이다.
잘나갈 땐 숨만 쉬며 살아도 욕을 먹으니
차분하게 자신에게 주어진 일만 열심히 하면 된다.

재능과 환경은
별로 중요하지 않다

나보다 일찍 출발한 사람도 있고
나보다 앞에서 출발한 사람도 있다.
그러나 그런 사실은 별로 중요하지 않다.
가장 중요한 건 어디로 갈지 자신의 방향을
<u>스스로</u> 정해야 한다는 사실에 있다.

재능과 환경이 꿈을 이루어주는 건 아니다.
나 자신을 대하는 올바른 태도와
하루를 대하는 마음가짐이
내가 가진 모든 재능이자 경쟁력이다.
또한 내가 가진 최고의 무기는
여전히 내 가슴속에 있다.
그것은 바로 젊음이다.

나는 젊다.
그래서 뭐든 해낼 수 있다.

청춘의 필사

초판 1쇄 발행 2025년 9월 3일
초판 3쇄 발행 2025년 11월 14일

지은이 김종원
펴낸이 한보라
편집 임나리 **경영관리** 권송이 **디자인** 봄바람

펴낸곳 퍼스트펭귄 **출판등록** 2023년 7월 21일 제 2024-000025호
전화 070)8866-7990
이메일 1stpenguin@1stpenguin.be
종이 (주)월드페이퍼 **출력·인쇄·후가공·제본** 더블비

ISBN 979-11-993492-3-0 (03190)

- 책값은 뒤표지에 있습니다.
- 파본은 구입하신 서점에서 교환해드립니다.
- 이 책은 저작권법에 의하여 보호를 받는 저작물이므로 무단 전재와 복제를 금합니다.